まちごとチャイナ

Fujian 005 Wuyishan

武夷山

幻の「烏龍茶」育む閩奥へ

Asia City Guide Production

【白地図】福建省

CHINA
福建省

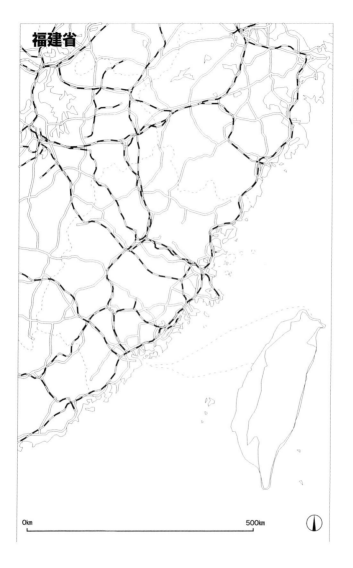

【白地図】福州と武夷山

CHINA
福建省

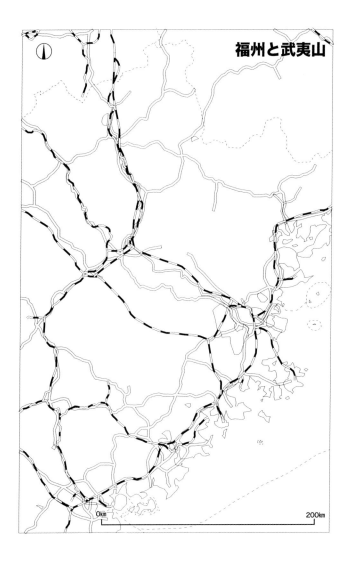

福州と武夷山

Wuyishan

白地図

【白地図】武夷山

CHINA
福建省

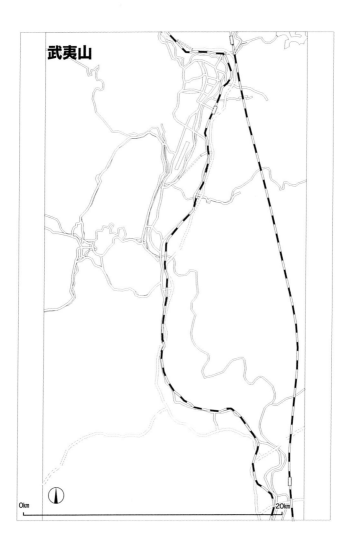

【白地図】武夷山度假区中心

CHINA
福建省

【白地図】武夷山市区

CHINA
福建省

武夷山市区

Wuyishan

白地図

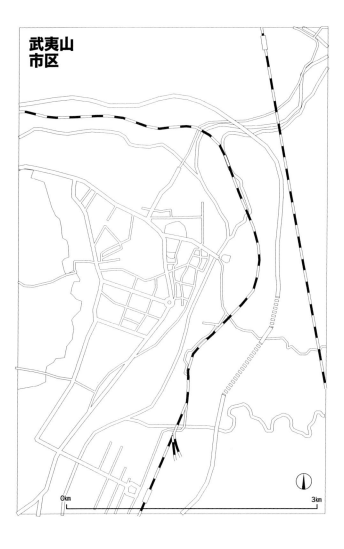

【白地図】武夷山と九曲渓

CHINA
福建省

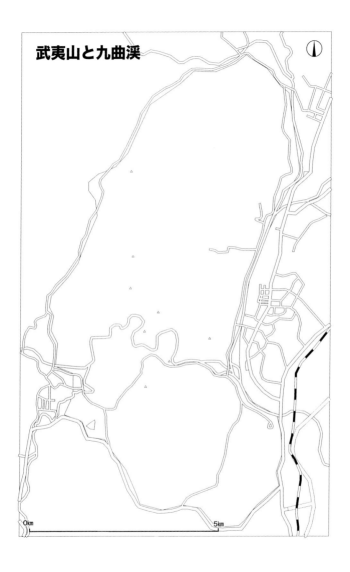

【白地図】天游峰景区

CHINA
福建省

【白地図】一線天景区

CHINA
福建省

一線天景区

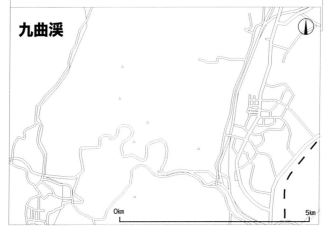

九曲渓

Wuyishan 白地図

【白地図】武夷宮景区

武夷宮景区

Wuyishan 白地図

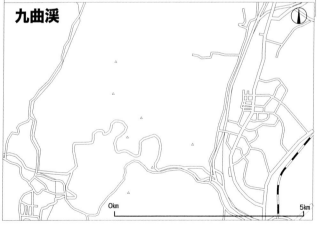

九曲渓

【白地図】武夷宮

CHINA
福建省

【白地図】大紅袍景区

CHINA
福建省

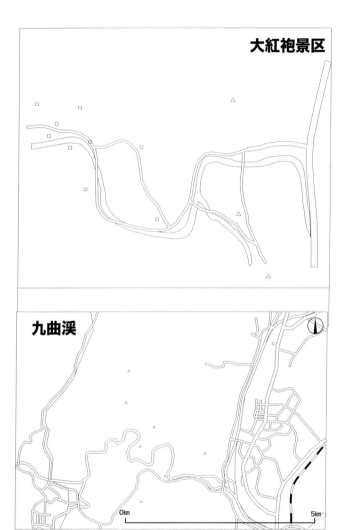

【白地図】水簾洞景区

CHINA
福建省

水簾洞景区

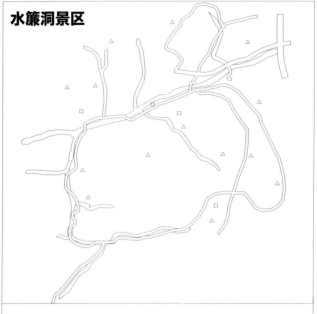

九曲渓

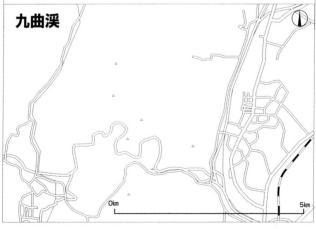

【白地図】武夷郊外

CHINA
福建省

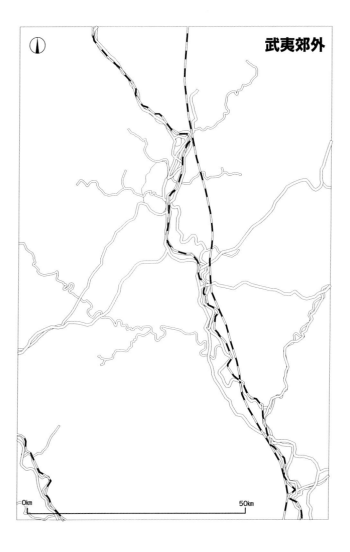

CHINA
福建省

【まちごとチャイナ】
001 はじめての福建省
002 はじめての福州
003 福州旧城
004 福州郊外と開発区
005 武夷山
006 泉州
007 厦門
008 客家土楼

山々の連なる福建省北部、赤い山肌を見せて屹立する峰、流れを9度変えながらくだっていく紺碧の水(「碧水丹山」)が見られる武夷山。36の峰、72の洞、99の岩が織りなし、道教、仏教の渾然一体となった神仙世界は「奇にして秀、東南に甲たり」とたたえられてきた。

この武夷山はあたりを山で閉ざされ、人がほとんど寄りつかなかった山奥部に位置する。たび重なる中原の戦乱から逃れた人びとにとって、「入閩(福建省への南遷)」の入口となって、宋代以降、多くの文人に愛され、なかでも朱子学の朱熹

武夷山 wǔ yí shān
ウウイイシャン　武夷山
Wuyishan

ゆかりの地として知られるようになった。

　また古くから武夷山の仙人が栽培していたというお茶の産地としても名高く、武夷岩茶「大紅袍」は中国茶の最高峰となっている。長らく崇安という地名で知られたこの地は1988年に武夷山市に昇格し、1999年、武夷山は、今から3000年以上昔の「古越人の船棺」、前漢の宮殿址である「城村漢城」などをあわせて複合遺産に指定された。

【まちごとチャイナ】

福建省 005 武夷山

目次

武夷山	xxviii
福建北部碧水丹山の世界	xxxiv
武夷市街城市案内	xlvii
九曲渓鑑賞案内	lvii
天游峰鑑賞案内	lxxi
一線天鑑賞案内	lxxxi
武夷宮鑑賞案内	lxxxviii
世界が求めた中国茶	xcvii
大紅袍鑑賞案内	ciii
水簾洞鑑賞案内	cix
武夷郊外城市案内	cxiv
閩北と白眉の宋文化	cxxix

【MEMO】

【MEMO】

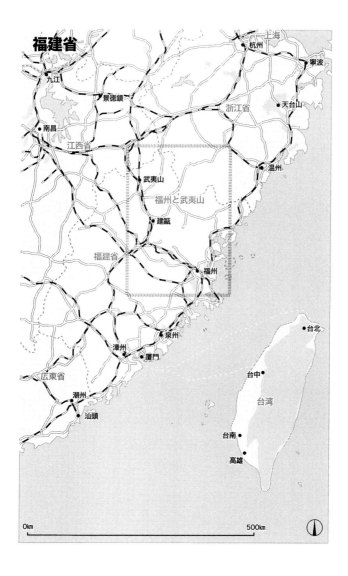

福建北部 碧水丹山 の世界

CHINA
福建省

標高 2158m の黄崗山を中心に
いくつもの峰が連なる武夷山
神仙世界を思わせる福建省の景勝地

陸の孤島へ

福建省と江西省の境を海抜1000m前後で全長550kmにわたって走り、閩江（福建省）と贛江（江西省）の分水嶺にもなっている武夷山脈。この山脈の北端南側に武夷山風景区が位置する。省都福州から武夷山近くの建甌までは、直線距離で145kmだが、途中、鷲峰山脈はじめ山のなかを走らなければならないため、実際の行程は252kmにも達した（福建の名は「福」州と、建甌＝「建」州の頭文字からとられている）。陸の孤島とも言えるこの地への交通の便は悪く、20世紀末になってようやく福州と武夷山を結ぶ鉄道が開通したが、それ

Wuyishan

福建北部碧水丹山の世界

ゆえ手つかずの自然や美しい環境が残っていた。現在は省都福州から高鉄が通じているものの、今から1億年前の地殻変動によって隆起し、風雨による浸蝕で形成された変化に富む地形（白亜紀武夷層）、「昆虫の世界」「鳥の天国」「生物標本の産地」と呼ばれる亜熱帯の美しい自然にふれられる。

神仙が棲み、文人が暮らす

武夷山という名前は、秦の始皇帝時代に白馬に乗ってこの地に君臨したという神仙の「武夷君」にちなむ。また長生の術を心得た800歳の神仙彭祖には、「武」と「夷」のふたりの

福建省

子どもがいて、この兄弟が武夷山を開いたという伝説も残る。南北朝（5〜6世紀）時代から美しい自然の武夷山に隠者や求道者が庵を結び、政治、経済、文化の中心が北中国から南中国へ遷るなか、宋代には多くの文人が武夷山の景観を詩に詠むようになった。なかでも朱子学を完成させた朱熹は『論語集注』『孟子集注』をここ武夷山で記し、南宋第一の詩人の陸游も武夷山に親しんでいる。こうしたところから、武夷山は「儒教」の理学の名山とされたほか、「道教」の神仙世界が具現化された世界にして、また「仏教」寺院も残るなど、さまざまな宗教の混淆とした世界が広がっている。

▲左 奇岩が連続する武夷山、大王峰が見える。　▲右 悠久のときをへて形成された一線天

Wuyishan 福建北部碧水丹山の世界

最高峰の中国茶

范仲淹（989〜1052年）は、古くから武夷山の仙人が茶を栽培していたと記している。中国では唐代にお茶を飲む習慣が広がり、亜熱帯で雨量が豊富、栽培に適した武夷山は宋代からお茶の産地として知られるようなった。977年、皇帝への貢茶の産地が、湖州から福建北苑（建甌）へ遷り、元代の1302年、武夷山九曲渓第五曲に皇帝直轄の御茶園がつくられた。武夷山の茶農家たちは新茶の品質を競うために闘茶をし、また明（1368〜1644年）代には茶葉を半発酵させる「烏龍茶」がここ福建崇安（武夷山）で発明された。袁枚（1716

福建省

〜97年)は「(天下の名茶のなかで武夷山の茶が)もっとも優れている」とし、武夷山の岩に育つ武夷岩茶「大紅袍」は、あらゆるお茶のなかで最高級品にあげられる。武夷山では、「大紅袍」はじめ「鉄羅漢」「白鶏冠」「水金亀」を武夷四大名茶とする。

【MEMO】

CHINA
福建省

武夷山の構成

長らくこのあたりの中心となってきた市街部の「武夷山市(かつての崇安)」は、武夷山風景区から北に 15 km離れている。この地には、五代の南唐時代に崇安場が、宋代の 994 年に崇安県がおかれた。これに対して、武夷山九曲渓の入口にあたる「星村」は寒村だったが茶葉の集散地と知られるようになり、また「崇安」と武夷山の中間に位置する「赤石街」は茶葉の買いつけ場所となっていた。また現在では、武夷山風景区の東側に観光事業を促進する目的で、「武夷山度假区中心」が整備されている。武夷山風景区は広大な敷地に広がり、一

▲左　朱子学を大成した朱熹は武夷精舎に居をかまえた。　▲右　長らく秘境とされた武夷山へも高鉄が伸びるようになった

般的に開かれているのは九曲渓の流れる「自然と文化景観保護区」で、その西側に「九曲渓生態保護区」と「生物多様性保護区」が位置する。また武夷山南東に「古漢城遺跡保護区」があり、これら4つの保護区が世界遺産を構成する。福建省の「武夷山」は、安徽省の「黄山」、四川省の「峨眉山と楽山大仏」、山東省の「泰山」とならんで、自然遺産と文化遺産の双方を兼ね備えた複合遺産となっている。

【地図】福州と武夷山

【地図】福州と武夷山の [★★★]
- [ ] 武夷山 武夷山 ウウイイシャン

【地図】福州と武夷山の [★☆☆]
- [ ] 建甌 建瓯 ジィエンオウ
- [ ] 建陽 建阳 ジィエンヤァン

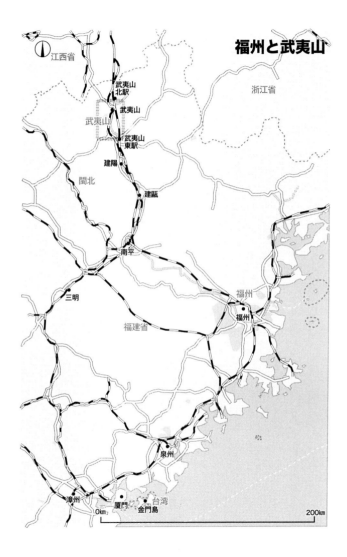

【地図】武夷山

【地図】武夷山の [★★★]
- ☐ 九曲渓 九曲溪ジィウチュウシイ
- ☐ 一線天 一线天イイシィエンティエン
- ☐ 武夷宮 武夷宫ウウイイゴォン
- ☐ 大紅袍 大红袍ダアホォンパオ
- ☐ 水簾洞 水帘洞シュイリィエンドォン

【地図】武夷山の [★★★]
- ☐ 武夷山度假区中心 武夷山度假区中心 ウウイイシャンドゥジィアチュウチョンシィン

【地図】武夷山の [★☆☆]
- ☐ 武夷山市区 武夷山市区ウウイイシャンシイチュウ
- ☐ 崇陽渓 崇阳溪チョンヤァンシイ
- ☐ 星村 星村シィンチュン
- ☐ 城村漢城遺跡 城村汉城遗址 チュゥアンチュンハァンチャンイイチイ

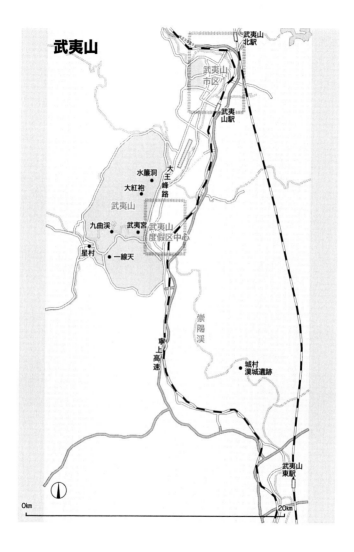

Guide,
Wu Yi Cheng Shi
武夷市街
城市案内

世界遺産武夷山への足がかりとなるのが
武夷山度假区中心と武夷山市区
多くの旅行者が訪れる

武夷山度假区中心 武夷山度假区中心
wǔ yí shān dù jià qū zhōng xīn
ウウイイシャンドゥジィアチュウチョンシィン［★★☆］

武夷山風景区の東側に隣接し、武夷山観光への起点となる武夷山度假区中心。ホテルやレストラン、また武夷山をテーマにした現代劇『印象大紅袍』の劇場などが集まる。街は中央を南北につらぬく大王峰路の両側に広がる。

崇陽渓 崇阳溪 **chóng yáng xī チョンヤァンシイ**［★☆☆］

武夷山近郊を流れる崇陽渓は、やがて閩江に合流し、その流

【地図】武夷山度假区中心

【地図】武夷山度假区中心の [★★☆]
- [ ] 武夷山度假区中心 武夷山度假区中心
   ウウイイシャンドゥジィアチュウチョンシィン

【地図】武夷山度假区中心の [★☆☆]
- [ ] 崇陽渓 崇阳溪 チョンヤァンシイ

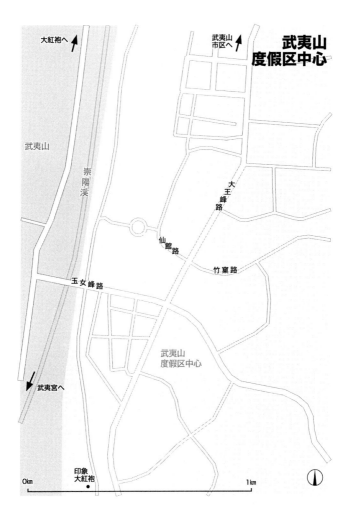

【地図】武夷山市区の ［★☆☆］
- 武夷山市区 武夷山市区ウウイイシャンシイチュウ

CHINA
福建省

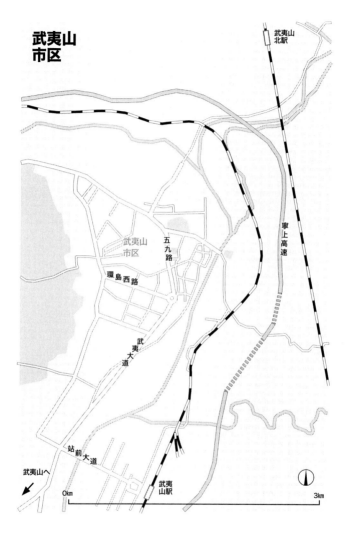

福建省

れは福州にいたる。武夷山市区(かつての崇安)、建甌、建陽を結ぶ閩北の主要水道となっていて、九曲渓(崇渓)は武夷宮近くで、崇陽渓に合流する。

武夷山市区 武夷山市区
wǔ yí shān shì qū ウウイイシャンシイチュウ [★☆☆]

長らく武夷山一帯の中心で、かつては城郭をもつ城市だった武夷山市区。閩江から福州へ続くこの地には、五代南唐時代に崇安場がおかれ、宋代の994年に崇安県となった。武夷茶は星村からいかだを使って、赤石街、そして武夷山市区(崇安)

▲左　武夷山度假区中心にはレストランがならぶ。　▲右　観光業を促進するために整備された

へと運ばれた。長らく崇安の名で知られていたが、観光業を進めるため、1988年に崇安県は武夷山市へと昇格し、その後の1999年に武夷山は世界遺産に登録された。

赤石暴動烈士墓 赤石暴动烈士墓 chì shí bào dòng liè shì mù チイシイバオドォンリエシイムウ ［★☆☆］

武夷山市区（旧崇安県）と武夷山星村の中間に位置する赤石。近代以降、中国商人が集まり、茶やアヘンの売買が行なわれた。赤石の渡し場には、1942年、国民党に連行された共産党捕虜が暴動を起こしたことに由来する赤石暴動烈士墓が立つ。

【MEMO】

【MEMO】

Guide,
Jiu Qu Xi
九曲渓
鑑賞案内

武夷山の象徴とも言えるのが
九度方向を変えながら流れていく崇渓
この渓流を九曲渓と呼ぶ

九曲渓 九曲溪 jiǔ qū xī ジィウチュウシイ ［★★★］

三保山に源を発し、武夷山中を西から東へとつづら折りに流れていく九曲渓（崇渓）。全長 9.5 kmの九曲渓には、小さな湾曲が 18、大きな湾曲が 9 つあり、やがて閩江支流の崇陽渓へとそそぐ。下流から上流に向かって第一曲、第二曲と続き、その両岸には玉女峰、大王峰、天游峰などの峰が姿を見せ、碧水（青い水）との対比が美しい。むき出しの赤い山肌は、白亜紀（1 億 4000 万年前〜 6500 万年前）の地層と言われ、石英岩、火山礫岩、凝灰岩などが奇観をつくる（この山肌を形容して、武夷山は丹山ともいう）。朱子学を大成した朱熹

【地図】武夷山と九曲渓

【地図】武夷山と九曲渓の [★★★]
- ☐ 九曲渓 九曲渓ジィウチュウシイ
- ☐ 玉女峰 玉女峰ユウニュウフェン
- ☐ 天游峰 天游峰ティエンヨウフェン
- ☐ 一線天 一线天イイシィエンティエン
- ☐ 大紅袍 大红袍ダアホォンパオ

【地図】武夷山と九曲渓の [★★☆]
- ☐ 武夷山度假区中心 武夷山度假区中心ウウイイシャンドゥジィアチュウチョンシィン
- ☐ 第五曲 第五曲ディウウチュウ
- ☐ 第四曲 第四曲ディスウチュウ
- ☐ 第三曲 第三曲ディサァンチュウ
- ☐ 第二曲 第二曲ディアアチュウ
- ☐ 武夷宮 武夷宮ウウイイゴォン
- ☐ 大王峰 大王峰ダアワンフェン
- ☐ 水簾洞 水帘洞シュイリィエンドォン

【地図】武夷山と九曲渓の [★☆☆]
- ☐ 崇陽渓 崇阳溪チョンヤァンシイ
- ☐ 赤石暴動烈士墓 赤石暴动烈士墓チイシイバオドォンリエシイムウ
- ☐ 星村 星村シィンチュン
- ☐ 第六曲 第六曲ディリィウチュウ
- ☐ 桃源洞 桃源洞タオユュエンドォン
- ☐ 第一曲 第一曲ディイイチュウ

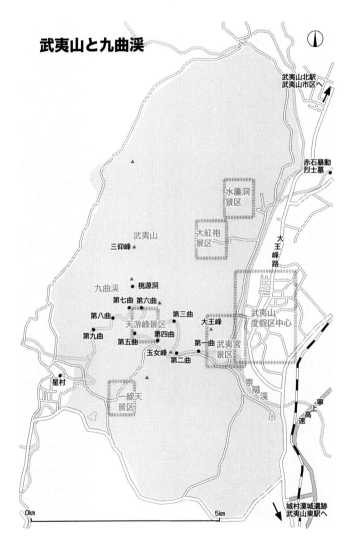

福建省

(1130〜1200年) は55歳のとき、この九曲の流れを「武夷山上有仙霊／山下寒流曲曲清」(『武夷櫂歌』) と詠んでいる。

星村 星村 xīng cūn シィンチュン [★☆☆]
武夷山中にあり、現在は九曲くだりの起点となっている星村。星村の船着き場から、竹で組まれた長さ9m、幅1mのいかだを二艘つなぎ、九曲渓を進む。宋代から茶の産地として知られた武夷山にあって、ここ星村は武夷茶の集散地となっていた (茶は、星村から北に15㎞にあった行政中心地の崇安県方面へ運ばれていった)。

【MEMO】

福建省

武夷茶を港へ

明清時代、星村には永豊福、福茂新、同泰栄、華記などの茶荘が軒を連ね、武夷茶を福建省山奥部から中国各地に運んでいた。武夷山から福州へ通ずる閩江は、大型船舶の航行が難しく、星村で梱包された武夷茶は、いかだで崇安まで運ばれ、西の江西省から広東省の港町広州へと輸送されていた。1942年、アヘン戦争以後の南京条約で、福州が開港されてしばらくたった1860年〜70年代前半、直接、閩江をくだって福州へ運ばれるルートが開発され、武夷茶は福州から西欧へ輸出されていった（直線距離に近いかたちで港へ進む、このルー

▲左 9度その流れを変える九曲渓。　▲右　家族連れで観光に訪れる人たちも多い

トは劇的に運送費をさげた)。こうしたことを受けて、それまで多かった山西商人に替わって福州や広州の商人が、毎年茶の季節(4〜9月)に星村を訪れ、茶の製造工場の管理や売買を行なった。

第六曲 第六曲 dì liù qū ディリィゥチュウ ［★☆☆］

六曲付近には、九曲渓最大の高さ200m、幅600mの岩の晒布岩が立つ。晒布岩の岩肌には、流れ落ちた雨や水の筋が無数に刻まれている。

福建省

桃源洞 桃源洞 táo yuán dòng タオユゥエンドォン [★☆☆]
九曲渓の第六曲北方に位置する桃源洞。訪れる人はそれほど多くなく、竹と桃が群生して桃源郷にもたとえられる。また桃源洞の北に位置する三仰峰（大仰）は標高718mで、「武夷最高処（武夷山景区で一番高い場所）」となっている。

第五曲 第五曲 dì wǔ qū ディウウチュウ [★★☆]
第五曲には「笋（たけのこ）」のかたちをし、縦に裂けて3つの峰に見える接笋峰（せつじゅんみね）がそびえる。また接笋峰とともに隠屏峰（いんぺいみね）も立ち、あたりは九

曲渓のなかでももっとも奇観とされる。第五曲の景色を気に入った朱熹（1130 〜 1200 年）は、近くに武夷精舎を建てて、この地で暮らした。

第四曲 第四曲 dì sì qū ディスウチュウ［★★☆］
九曲渓の流れの東に大蔵峰、西に題詩巌が立つ第四曲。第四曲の近くには、元の第 2 代成宗時代の 1302 年に開園された皇帝専用の御茶園があった。

福建省

第三曲 第三曲 dì sān qū ディサァンチュウ［★★☆］

第四曲から第三曲にかけてそびえる大蔵峰、小蔵峰の50mあまりの断崖に古代越人の棺桶が残っている。断崖の裂け目や洞窟に死者の棺をかけるという習俗は、漢族が入植する以前の古代越人の死生観（懸棺葬や船棺葬）だという。紀元前2000年〜前1000年にかけてのもの。

閩越の世界

古代中国では、華南からベトナム北部、貴州省、雲南省にいたる広大な地域に越族という中原の漢族とは異なる人びとが

▲左　武夷山の象徴とも言える玉女峰が見える。　▲右　一曲碼頭、最上流が九曲で下流が一曲となる

暮らしていた。彼らは浙江の「於越」、福建の「閩越」、広東の「南越」、北ベトナムの「駱越」というように分布し、総称して「百越」と呼ばれた。越族は海や河川に親しんで米と魚を常食とし（なまものや漬けものも好んだ）、入れ墨を身体にほどこした。また水害を避けるために高床式住居に暮らしたことも特徴で、麦食、土間式で暮らす北方の漢族とは違った習俗をもっていた。漢族が南方に勢力を拡大するなかで、南中国も漢族化していったが、唐宋時代に入っても（最後まで）、漢族化の進まなかったのが福建の地であった。

福建省

第二曲 第二曲 dì èr qū ディアアチュウ［★★☆］

朱子学を大成した朱熹（1130〜1200年）は「二曲亭亭玉女峰／挿花臨水為誰容」（二曲亭亭たる玉女の峰／花を挿し水に臨むは誰が為にか容る）と詠んでいる。九曲渓第二曲では、武夷山の象徴とも言える海抜313mの玉女峰が屹立する姿が見える。

玉女峰 玉女峰 yù nǚ fēng ユウニュウフェン［★★★］

次のような言い伝えが残っている玉女峰。ある少女が仙人の植えた木の実を摘みとって食べると、「剣の舞」を踊るよう

になり、その風によってあたりの山々がけずられていった。そして遠くから見ると、少女が立っているような峰を仙女に見立て、玉女峰と呼んだという。

第一曲 第一曲 dì yī qū ディイイチュウ ［★☆☆］
上流からくだり、まもなく武夷宮にいたろうとする九曲渓最後の第一曲。武夷山に訪れた人びとが記念に残す刻石がいたるところにあり、なかでも「水光岩（晴川石）」が知られる。また武夷山36峰のなかでも、名峰の大王峰（標高546m）が視界に入る。

Guide, Tian You Feng
天游峰 鑑賞案内

圧巻の存在感を見せる天游峰
皇帝のための御茶園
朱子学を大成した朱熹の愛した景観がここに

天游峰 天游峰 tiān yóu fēng ティエンヨウフェン［★★★］
九曲渓第六曲にそびえ、「武夷第一勝」とたたえられる天游峰。標高408.8ｍの山そのものが一枚岩でできており、あたかも「天に游（遊）ぶ」ような神仙世界に身をおくことができる。天游峰の頂上に向かって、840段の石段が続き、頂上には道教寺院の天游観が立つ。また一覧亭からは九曲渓の流れをほぼ把握でき、その眺めの良さから天游峰頂部に国民党（1919年結成）が別荘をおいていたという。

【地図】天游峰景区

【地図】天游峰景区の ［★★★］
- [ ] 天游峰 天游峰ティエンヨウフェン
- [ ] 九曲渓 九曲渓ジィウチュウシイ

【地図】天游峰景区の ［★★☆］
- [ ] 武夷精舎 武夷精舎ウウイイジィンシャア
- [ ] 第五曲 第五曲ディウチュウ

【地図】天游峰景区の ［★☆☆］
- [ ] 第六曲 第六曲ディリィウチュウ
- [ ] 茶竈 茶灶チャアザァオ
- [ ] 御茶園遺址 御茶園遗址ユウチャアユゥエンイイチイ

CHINA
福建省

武夷精舎 武夷精舎
wǔ yí jīng shě ウウイイジィンシャア [★★☆]

前方に九曲渓が流れ、背後に隠屏峰のそびえる風光明媚の地に立つ武夷精舎（紫陽書院）。ここは宋代の官吏で儒学者の朱熹（1130～1200年）ゆかりの書院で、この付近にあった武夷精舎が再現された。主管武夷山沖佑観（道観の管理者）をつとめた朱熹は、九曲渓をくだった40歳のとき、第五曲の景観を気に入って、いつかここに書斎を築きたいと思っていた。1183年、54歳になった朱熹はついにこの武夷精舎を建て、書を読み、弟子たちに講義をした（その弟子は800～

▲左　この地で朱子学大成への道筋をつくった朱熹。　▲右　巨大な岩の天游峰

900人と言われ、朱熹の言葉『朱子語類』140巻を弟子が伝えている)。朱熹と同時代に生きた文人の陸游は、武夷精舎完成にあたって「身閑剰覚渓山好／心静尤知日月長／天下蒼生未蘇息／憂公遂興世相忘」という詩を送っている。

朱熹とは

朱熹の一族は江西を本籍とし、父の代に福建建安（現在の建甌）に移住してきた。1130年に福建省尤渓で生まれ育ったのち、庵を結んだ「武夷山」、居をさだめた「建陽」など、朱熹は生涯の大部分を福建省北部（閩江流域）で過ごし、朱

CHINA
福建省

子学を大成した。この朱熹は19歳の1148年に科挙に合格していて、官吏として行なった政策の代表的なものに、社倉法があげられる。社倉法は、秋に集めた官米を農民に端境期に貸しあたえ、それを秋に返還させる方法をとって、飢饉に対応し、困窮した農民を救うものだった（端境期の弱みにつけこむ高利貸しをおさえた。社倉法は江戸時代の日本でも行なわれている）。官吏としても成果をあげているものの、朱熹が望んだのは、道観の管理を名目として、実務がほとんどなく給料が支払われる「奉祠職」で、庵を結んで学問にはげむことであった。武夷山や建陽での日々から、朱熹は仏教や道

【MEMO】

教におされていた儒教朱子学を大成し、その教えは江戸時代の日本にも影響をあたえた。

茶竈 茶灶 chá zào チァザァオ ［★☆☆］
武夷精舎の近く、第五曲に残る大きな岩の茶竈（ちゃそう）。武夷精舎に暮らす朱熹は、かごをもって武夷山の茶園でお茶の葉をつみ、この茶竈で茶をつくったと伝えられる。

▲左　階段を進んでいく人たち。　▲右　古くは南方の僻地とされたこの地は宋代以後多くの文人でにぎわうようになった

御茶園遺址 御茶园遗址
yù chá yuán yí zhǐ ユウチャアユゥエンイイチイ [★☆☆]

御茶園遺址は、元の第2代成宗時代の1302年に開園された皇帝専用の茶園跡。武夷茶は、唐代から宋代、元代と時代がくだるに連れて天下に知られるようになった。南宋から元へと遷るなかで、漢族官吏の高興は、フビライ軍のバヤン（伯顔）にくだり、そのとき武夷山のお茶を元の皇帝に献上した（高興は、福建省の統治に尽力した）。このことがきっかけで、宋代、建甌にあった皇帝用の御茶園がここ武夷山に遷されたという。そばには武夷山茶葉研究所が立つ。

Guide, Yi Xian Tian
一線天鑑賞案内

見あげると岩のはざまから
一筋の光が見える
武夷山を代表する景観の一線天

一線天 一线天 yī xiàn tiān イイシィエンティエン ［★★★］
武夷山風景区で、もっとも南に位置する一線天。3つの岩が重なり、両側からせまった岩の隙間は、幅1mほど、長さ100mにわたって続く（霊岩洞、風洞、伏羲洞が連なり、伏羲洞から一線天が見える）。このように「ひと筋の線のような天」が見えることから、「一線天」と名づけられている。この一線天は、仙女が刺繍針で開いたとも、中国の伝説の皇帝伏羲が玉の斧で開いたともいう。洞窟内には水がしたたり、細い階段状の道を進んでいく。

【地図】一線天景区

【地図】一線天景区の [★★★]
- 一線天 一线天 イイシィエンティエン

CHINA
福建省

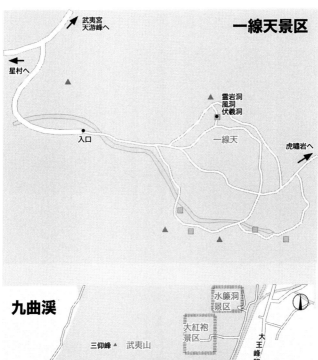

▲左　一線天景区、とても細い道と階段を進んでいく。　▲右　天井に幅1mほどの一筋の光が見える

虎嘯岩 虎啸岩 hǔ xiào yán フウシャオヤェン ［★☆☆］

九曲渓第二曲の南側にそびえる虎嘯岩。この岩には大きな穴が開いていて、風が吹くと虎が吠えたような音がすることから名づけられた。虎嘯岩近くの断崖には、清代建立の天成禅院が立ち、岩に彫られた観音像が見える。

【MEMO】

【MEMO】

CHINA
福建省

Guide, Wu Yi Gong
武夷宮鑑賞案内

CHINA 福建省

武夷山風景区への足がかりにもなる武夷宮
倣宋古街では宋代の街並みが見られ
近くに大王峰がそびえる

武夷宮 武夷宮 wǔ yí gōng ウウイイゴォン ［★★☆］

九曲渓の入口付近に立ち、遠い秦の時代、この地に舞い降りたという武夷君をまつる武夷宮(『武夷山志』によれば、「武」と「夷」のふたりであったという)。秦に続く漢の武帝(紀元前156〜前87年)が、干し魚をもちいて武夷君をまつったといい、その地に唐玄宗の時代(742〜755年)に玉宝殿が創建された。武夷山は歴代王朝の保護を受けたこともあって、宋代には道教の中心地となり、武夷宮は九大名観に数えられた。この時代の1176年、朱子学を大成した朱熹が、主管武夷山沖祐観という祭祀をつかさどる祠官に任じられてい

る（道観の管理が名目上の任務だが、勤務実態はほとんどなく、俸給をもらうことができた）。武夷山を代表する道観といった性格はその後も続き、現在にいたる。

倣宋古街 仿宋古街
fǎng sòng gǔ jiē ファンソゥングウジィエ [★★☆]
宋代の街並みを再現した全長300mほどの通りの倣宋古街。第一曲碼頭のすぐそばに位置し、入口の石牌坊の内側には古い街並みが続くほか、博物館や紀念館がずらりとならぶ。

【地図】武夷宮景区

【地図】武夷宮景区の [★★★]
- ☐ 九曲渓 九曲渓ジィウチュウシイ

【地図】武夷宮景区の [★★☆]
- ☐ 武夷宮 武夷宮ウウイイゴォン
- ☐ 倣宋古街 仿宋古街ファンソングウジィエ
- ☐ 大王峰 大王峰ダアワァンフェン

【地図】武夷宮景区の [★☆☆]
- ☐ 止止庵 止止庵チイチイアン
- ☐ 第一曲 第一曲ディイイチュウ

【地図】武夷宮

【地図】武夷宮の [★★★]
- [ ] 九曲渓 九曲渓 ジィウチュウシイ

【地図】武夷宮の [★★☆]
- [ ] 武夷宮 武夷宮 ウウイイゴォン
- [ ] 仿宋古街 仿宋古街 ファンソォングウジィエ

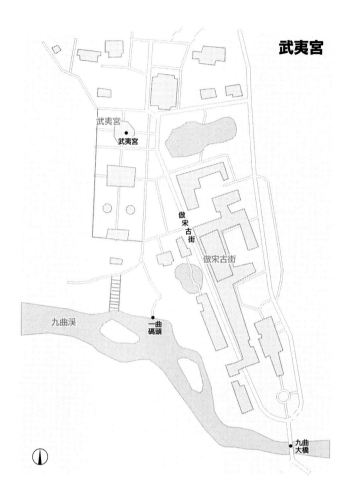

福建省

大王峰 大王峰 dà wáng fēng ダアワァンフェン ［★★☆］

九曲渓のちょうど入口付近、第一曲のそばにそびえる大王峰。武夷山36峰のうち、最高の標高546mで、「天柱峰」「仙壑王」とも呼ばれる。近くには名勝旧跡が点在し、この大王峰の南側には、武夷君が「テント（幔）」をはって人びとをもてなしたという幔亭峰も位置する。

▲左　武夷君をまつる道教寺院の武夷宮。　▲右　宋代の街並みを再現した倣宋古街

止止庵 止止庵 zhǐ zhǐ ān チイチイアン ［★☆☆］

九曲渓第一曲付近に残る止止庵。道教の聖地という顔ももつ武夷山にあって、先秦時代に皇太姥が修道を行なった場所だと伝えられる。現在見られる石づくりの建築は、国民党時代の1941年に使われていたもの（図書館）を前身とする。

世界が求めた中国茶

飲む者の心を落ち着かせるお茶
味はもちろん工夫茶や茶器など
飲みかたにまでこだわりがある

中国茶のいろいろ

現在、世界中で飲まれている緑茶、紅茶、烏龍茶は、すべて中国から各地に広がっていった。茶樹から採れた茶葉を「発酵させない緑茶」、「半発酵させる烏龍茶」、「完全に発酵させる紅茶」など製法の違いで、異なる香りや風味を出す。唐代の陸羽（733〜804年）は『茶経』のなかで「茶は南方の嘉木なり」と記し、そのころから中国全土で茶が飲まれるようになった。福建省の茶が注目されるようになるのは、続く宋代からで、建州そして武夷山で皇帝に献上する茶が栽培された。明清時代になると、「茶そのものを飲む（食べる）」方法

から、「茶のエキスを飲む」現在の飲みかたへと変わり、紅茶や烏龍茶といった新たなお茶も福建省で発明された。栽培される品種の数、品質ともに福建省は雲南省とならんで茶どころとなっている。

烏龍茶にまつわる伝説

武夷山のある茶園で、緑茶をつくっている最中に、黒い蛇が現れたために、驚いた茶農家はその場所から逃げた。しばらくすると茶の葉が半発酵の状態になっていて、それを飲んでみると香気がよく、味も優れていた。そのため黒を意味する

▲左　茶どころ福建のなかでも武夷茶は名高い。　▲右　カゴに乗っていくこともできる

「烏」と、蛇を意味する「龍」から烏龍茶と名づけられたという。また茶を育てるには充分な湿気が必要で、茶畑の空をおおうような「黒い雲」のかたちが龍のようにも見えることから、「龍の恩恵」のもと産するお茶という意味をこめて、烏龍茶と名づけられたともいう。烏龍茶の製法は明（1368〜1644年）代に考え出されたというが、福建省では1855年ごろから製茶が本格化した。烏龍茶独特の酵素が油を分解するため、中華料理にあい、おもに福建省や広東省、台湾などで愛飲される。

CHINA
福建省

ボヘア・ティー・チャ・チャイ

大航海時代(15〜17世紀)で中国を訪れたヨーロッパ人は、ここで茶という飲みものに出合い、東インド会社を通じて大量に自国へ輸入した。中国からイギリスに輸入された紅茶が当初、「ボヘア」と呼ばれたのは銘茶の産地「武夷山」の音が転化したものだと言われる(武夷山が茶の象徴に見られていた)。西欧諸国は競って中国茶を求めるようになるが、オランダ東インド会社を通じて厦門から海路で輸入されたものは福建語の「ティー(茶)」と呼ばれ、一方で広東省に隣接するマカオ経由で運ばれたルートは広東語の「チャ(茶)」

Wuyishan

世界が求めた中国茶

と呼ばれて現在にいたる（ヨーロッパや海のシルクロードを経由した南インドが「ティー」、チベット、北インド、ポルトガルなどが「チャ」）。またロシア語で茶を「チャイ」と呼ぶのは、中国語の「チャイエ（茶葉）」がモンゴル経由で伝わったからだという。また中国近代化の口火となったアヘン戦争は、拡大する茶の輸入の対価にイギリスがあてた麻薬アヘンを、中国側が厳しくとり締まったことに端を発する。

Guide, Da Hong Pao
大紅袍鑑賞案内

武夷山の岩盤に栽培された岩茶
なかでも大紅袍は1年でわずかしか
収穫されない幻の茶葉

大紅袍 大红袍 dà hóng páo ダアホォンパオ ［★★★］

武夷山の九龍窠（ジューロンクー）と呼ばれる地点の岩壁に生えている茶樹の一群の大紅袍。天然の雨や岩の養分で育った400種類の岩茶のなかでも、「茶中の王」と言われる最高峰の茶として名高い。この茶葉を使ってたてたお茶は「神茶」と呼ばれ、その噂を聞いた皇帝は病をわずらう皇太后に飲ませてみると、病が回復した。そこで皇帝は官吏をつかわして「赤い長衣の袍（古代の礼装）」を茶樹にかけ、「大紅袍」と名づけた。大紅袍の茶葉は、1年にわずか数百グラムしかとることはできないため、皇帝や高級官吏への献上品となり、

【地図】大紅袍景区の [★★★]
- [ ] 大紅袍 大红袍 ダアホォンパオ

【地図】大紅袍景区の [★☆☆]
- [ ] 永楽禅寺 永乐禅寺 ヨォンラアチャンスウ

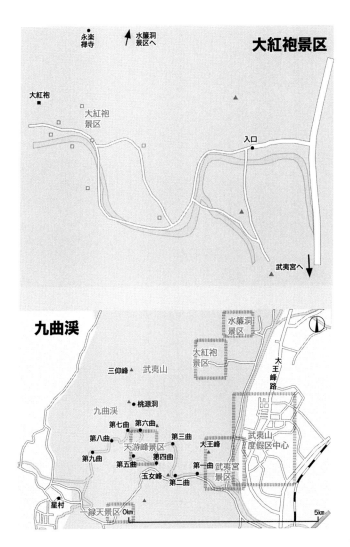

福建省

20グラムで240万円もの根がついたこともあるという。この「大紅袍」はじめ「鉄羅漢」「水金亀」「白鶏冠」が武夷四大岩茶で、一般に飲める大紅袍は、大紅袍の原木から接ぎ木、挿し木した2代目、3代目の茶樹からとられている。

▲左　お茶で似た卵「茶葉蛋」が売られていた。　▲右　岩の養分で成長した最高の銘茶、大紅袍

岩茶とは

大紅袍は烏龍茶の一種で、普通の茶と違って土ではなく、岩に根をはって栽培されることから、「岩茶」と呼ばれる。武夷山で育まれた岩の養分（カテキンやテアニン、ミネラルなど）で成長し、岩ごとに茶の味や香りが異なるという。武夷岩茶は南北朝（5～6世紀）時代には発見されていたとされ、以後、時代をくだるにつれ、皇帝や官吏への献上品となってきた。味の深みや滋養効果から、中国でも最高峰のお茶として知られる。

福建省

永楽禅寺 永乐禅寺
yǒng lè chán sì ヨォンラアチャンスウ [★☆☆]

唐代の879年に、扣冰古仏が庵を結んだところを前身とする永楽禅寺。明代の1528年に重健され、天心庵となり、清代に永楽禅寺と名前を変え、かつては100人を超す僧侶がいた。伽藍の背後に天心岩が位置することから、天心永楽禅寺ともいう。

Guide, Shui Lian Dong
水簾洞 鑑賞案内

武夷山風景区の北方に位置する水簾洞
雨季に滝のように水が落ちる景観
またいくつもの景勝地が点在する

水簾洞 水帘洞 shuǐ lián dòng シュイリィエンドォン[★★☆]
高さ100m、幅100mの巨大な絶壁状の岩姿を見せる水簾洞。この水簾洞のうえにはふたつの湖があり、雨季には100mもの高さの上部から、滝となって水が落ちてくる。その落水が風にふかれ、簾(すだれ)のように見えることから水簾洞(水の簾のような洞窟)と名づけられた。

鷹嘴岩 鹰嘴岩 yīng zuǐ yán インツゥイヤェン[★☆☆]
鷹のような姿でたたずむ鷹嘴岩。「鷹の嘴(くちばし)の岩」を意味し、武夷山を代表する奇岩のひとつとなっている。

【地図】水簾洞景区

【地図】水簾洞景区の［★★★］
- ☐ 水簾洞 水帘洞シュイリィエンドォン
- ☐ 大紅袍 大红袍ダアホォンパオ

【地図】水簾洞景区の［★☆☆］
- ☐ 鷹嘴岩 鹰嘴岩インツゥイヤェン
- ☐ 流香潤 流香洞リィウシィアンジィエン
- ☐ 永楽禅寺 永乐禅寺ヨォンラアチャンスウ

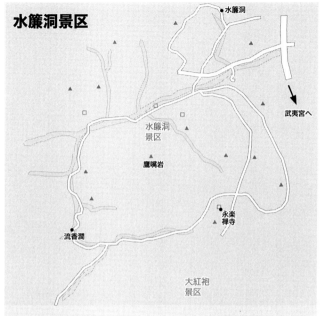

福建省

流香澗 流香涧 liú xiāng jiàn リィウシィアンジィエン[★☆☆]
天心岩の北側に位置する流香澗。両側から岩がせまる、細い谷間に渓流が流れる。

Guide, Wu Yi Jiao Wai
武夷郊外城市案内

CHINA 福建省

昔ながらの生活が見られる下梅村
雄大な自然が残る武夷山国家自然保護区
福建省北部の山間地帯へ

下梅村 下梅村 xià méi cūn シィアメイチュン ［★☆☆］

武夷山から東に8km、渓流のほとりに古民居群が連なり、明清時代の集落の姿を伝える下梅村。宋代の998年ごろから集落が形成され、清代、武夷茶の交易に従事する人たちでにぎわったという。「鄒氏祠堂」「鄒氏大夫第」「参軍第」「閨秀楼」「西水別業」といった建築が残り、福建省歴史文化村にも指定されている。

武夷山国家自然保護区 武夷山国家自然保护区
wǔ yí shān guó jiā zì rán bǎo hù qū
ウウイイシャングゥオジィアズウランバオフウチュウ［★☆☆］

九曲渓で知られる武夷山景区中心部の西側に、広大な武夷山国家自然保護区が位置する。ブナ科などの照葉樹林、標高2158mの黄崗山をはじめ、豊かな自然が広がる面積566平方キロの一帯は、武夷山国家自然保護区に指定されている。アルマジロに似た「穿山甲」、角のはえた「蛙角怪」、嚙まれると5歩ももたないという毒蛇「五歩蛇」はじめ、多様な哺乳類、両生類爬虫類、鳥類が生息する。こうした貴重な生態系

【地図】武夷郊外

【地図】武夷郊外の [★★★]
- [ ] 九曲渓 九曲溪 ジィウチュウシイ

【地図】武夷郊外の [★★☆]
- [ ] 武夷山度假区中心 武夷山度假区中心 ウウイイシャンドゥジィアチュウチョンシィン

【地図】武夷郊外の [★☆☆]
- [ ] 下梅村 下梅村 シィアメイチュン
- [ ] 武夷山国家自然保護区 武夷山国家自然保护区 ウウイイシャングゥオジィアズウランバオフウチュウ
- [ ] 黄坑 黄坑 フゥアンカァン
- [ ] 城村漢城遺跡 城村汉城遗址 チュゥアンチュンハァンチャンイイチイ
- [ ] 建甌 建瓯 ジィエンオウ
- [ ] 建陽 建阳 ジィエンヤァン
- [ ] 武夷山市区 武夷山市区 ウウイイシャンシイチュウ
- [ ] 崇陽渓 崇阳溪 チョンヤァンシイ

武夷郊外

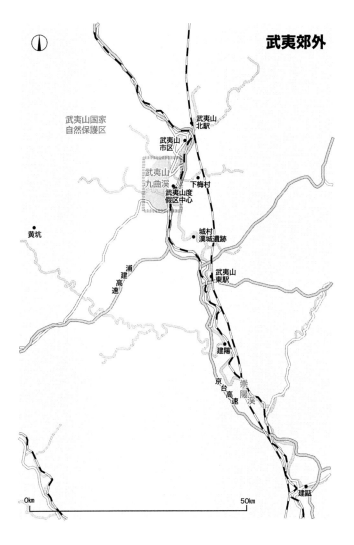

は、「昆虫の世界」「鳥の天国」「蛇の天国」「生物標本の産地」と呼ばれている。

黄坑 黄坑 huáng kēng フゥアンカァン ［★☆☆］

武夷山国家自然保護区の、抱負な雨量や亜熱帯の気候がつくりだした雄大な自然（大林谷）のなかに位置する黄坑。建陽の竹林精舎でなくなってから、10ヵ月後にこの地で埋葬された朱熹（1130〜1200年）の墓が位置する（風水を踏まえて、生前から黄坑を墓地とすることが決まっていた）。朱熹は朱子学を大成したものの、晩年、南宋朝廷での勢力争いに敗れ

たこともあって、墓の規模はさほど大きくない。このあたりに生息する蛇を集めた「蛇園」も位置し、黄坑では蛇酒、龍鳳湯という蛇のスープも飲まれる。

城村漢城遺跡 城村汉城遗址 chéng cūn hàn chéng yí zhǐ
チュゥアンチュンハァンチャンイイチイ ［★☆☆］
武夷山から南東に13km、村を見下ろす丘の地形を利用して立つ城村漢城遺跡（興田鎮城村）。福州や建州を拠点とした古代閩越国の宮殿跡で、武夷山脈に築いた6つの城塞のうちのひとつとされる。東西550m、南北860mからなる周囲

福建省

2896mの城壁をめぐらせ、城内中央の宮殿跡は中軸線を中心とした左右対称のプランをもつ（中原の影響を受けている）。閩越王城博物館では、城村漢城遺跡から発掘された土器や鉄器が展示されていて、高い鉄の精錬技術も見てとれる。武夷山とともに世界遺産を構成する。

建甌 建瓯 jiàn ōu ジィエンオウ ［★☆☆］

閩江の支流、建渓と松渓が合流するところに位置する建甌は、古くは建州、建安の名で知られていた。呉の260年に建安郡、唐代に建州がおかれて漢族の入植が進むと、「福州」とこの「建

▲左　福建省山間部でとれた山の幸がならぶ。　▲右　武夷山郊外へはタクシーを使うのも手

州」の頭文字をとって「福建」という地域名が定着した（江西省、北の浙江省、そして福建省を結ぶ交通の要衝として開けてきた）。宋代に入ると、建甌近くで生まれた朱熹をはじめ多くの文人を輩出し、出版文化が栄えるようになった。また建甌の東15kmにある東峰鎮の鳳凰山麓付近には、皇帝に献上するための高級茶が栽培された北苑があり、北苑摩崖茶事石刻が残る。

CHINA
福建省

北苑にあった御茶園

唐に続く五代十国の南唐（937〜975年）が宮廷用の茶を栽培するために開発したことにはじまる北苑。北宋官吏の蔡襄（1012〜67年）が福建路転運使となり、この茶園を管理して皇帝に献上するための茶樹が栽培された。1051年に北宋仁宗に献上した『茶録』のなかで蔡襄は「茶には真香がある。それなのに、朝廷に献上する茶には龍脳を膏にちょっと和ぜて、その香りを助けようとしている。建安の民間では、茶を試すのに香料を入れるものなどいない。茶の真香を奪うことを恐れるからである」と記し、この茶は仁宗に寵愛されるよ

うになった。元代の 1302 年、皇帝用茶園は北苑から武夷山に遷った。

建窯と天目茶碗

唐代から宋代にかけて、飲茶の習慣が広がると、それとともに茶器の需要も増していった。宋代に入ると江南の各地で黒釉の茶器がつくられるようになり、建甌周辺の建窯は最高品質の茶器を生み出し続けた。建窯では 11 か所の窯跡が確認されており、山の斜面に沿って「蛇窯」と呼ばれる登り窯がもうけられた。これらの窯では、鉄郃と呼ばれる鉄分の多い

CHINA
福建省

土を焼成し、表面に塗られた黒釉の表面に虹色の幽玄な光を浮かばせる。この茶器は宋代高級とされた白色の茶を際立たせ、「天目茶碗」として最高級茶器の名を得ていた。建窯で焼かれた「天目茶碗」は、浙江省天目山付近に留学していた日本の禅僧によって日本にもち帰られ、国宝として現在まで伝えられている。

建陽 建阳 jiàn yáng ジィエンヤァン [★☆☆]

武夷山と建甌のちょうどあいだに、周囲を山に囲まれた建陽が位置する。宋代、建甌とならんで文化の中心となり、南宋

▲左　朱子学を大成した朱熹は生涯のほとんどを福建省北部で暮らした。
▲右　南方の嘉木「茶樹」に適した気候の福建省

武夷郊外城市案内

時代に嘉禾と改称されたが、その後は建陽の名前で通っている。建陽は朱子学を大成した朱熹（1130〜1200年）が晩年を過ごした場所でもあり、建陽各地に朱熹ゆかりの場所が残る（「考亭」「竹林精舎」といった書院を構え、弟子に講義をしたり、書を読んだ）。宋代、建陽県麻沙は「図書の府」と呼ばれるほど、出版文化が栄え、建陽の書物が全国に流通した（粗悪本の代表でもあった）。朱熹の死後も朱子学の伝統が続き、建陽は多くの儒者を輩出している。

福建省

朱熹が暮らした閩北

福建山間部に生まれた朱熹（1130〜1200年）は、生涯を通じて閩北の自然のなかに身をおいて学問に励んだ。なかでも建陽南西の三桂里は、朱熹が父に連れられて滞在し、その風光明媚から庵を構えていた場所。教えをこう門下が増えるなか、65歳の朱熹は1194年、この地に「竹林精舎」を建てた（竹林という名前は、竹林が生えていたことにちなむ）。南宋理宗時代の1244年、考亭書院となるなど、この地では朱熹の死後も朱子学の伝統が続き、多くの儒者を輩出した。1966年、ダム建設のために沈んだが、1531年製の高さ10mの石碑坊

が残る。「竹林精舎」のほかには、武夷山「武夷精舎」、母の墓地近くにある崇泰里「寒泉精舎」、知人蔡季通の庵に近い盧峯山「晦庵」などが知られる。

閩北と
白眉の
宋文化

華北の戦乱から逃れて南遷する人たち
福建省北部はその人たちを迎える玄関口だった
宋代以後文化が華やいだ世界

朱子学発祥の地

礼節を重んじる孔子の「儒教」は漢（紀元前202〜220年）代に国教化され、以来、中国の歴史のなかで特別の性格をもつようになった。一方、南北朝時代から隋唐（618〜907年）代にかけて、外来の「仏教」と、中国古来の民間信仰の流れをくむ「道教」が勢いを増していった。こうしたなか、宋（960〜1279年）代になると、旧来の貴族層に代わって科挙に合格した文人や儒教的秩序の頂点に立つ官吏が支配階級となった。儒教では、これら文人の心の問いにこたえるべく、さまざまな思索がされ、朱熹は道教や仏教をふまえ、「理」と「気」

CHINA
福建省

の展開として世界を把握しようとした(それを図案化したのが太極)。『大学』『中庸』『論語』『孟子』を中心としたこの新しい儒教の朱子学は、朱熹の晩年、宋の宮廷で偽学の禁のそしりを受けたものの、続く元、明、清の王朝によって保護され、国家宗教の地位をしめた。また朱子学は東アジアへ伝播し、李氏朝鮮では朱子学をもとに国が運営されたほか(韓国の国旗は太極旗)、日本の江戸幕府の正式な学問とされ、武士は朱子学を学んだ。

▲左　雨が多く降り、むしむしした気候をもつ。　▲右　木材をふんだんに使ったこの地方の建築

出版文化の中心地

華北が異民族の手に奪われ、南宋の都が杭州におかれたことで、福建にも南遷した文人が多く暮らすようになった。建甌（宋代の建安）は臨安、成都、開封とならぶ出版文化の中心地となり、建陽と建安には数十の書房がならび、その数は全国一であったという。福建の出版・印刷文化を支えたのが豊富な森林で、雨量の多い亜熱帯性の気候では樹木の成長も早かった（ナツメ、ナシ、あずさといった樹木が木版印刷の版木の材料に利用された）。「建州の書籍は天下四方、遠きとして至らざるなし」と言われ、儒教や仏教の経典、歴史書、占

福建省

卜書、医学書などが出版された。なかでも注目されるのが、科挙を受ける受験生のための参考書で、模範解答が印刷されて出まわることもあったという。福建では科挙の合格者数が増え、文化の中心地というべき様相を呈していた。

閩北で焼かれた天目茶碗

足利義政や織田信長といった日本の将軍や戦国武将に愛された茶器の天目茶碗。黒の釉薬で仕上げられ、浮かびあがった虹彩が幽玄の美を見せる天目茶碗は、天・地・人がひとつになってはじめて完成されるという。この天目茶碗は南宋時代

閩北と白眉の宋文化 Wuyishan

のある時期に焼かれ、それ以後、二度と焼かれることはなかった幻の茶器で、おもに福建省建窯で焼成されていた。太陽の光によって虹色の輝きを見せる「曜変天目」、曜変天目とならんで天目茶碗の最高峰をなす「油滴天目」が知られ、中国へ留学した日本の禅僧によって日本にもたらされた（中国側の受け入れ窓口が寧波にあり、そこから近い天目山の地名をとって天目茶碗と呼ばれた）。この天目茶碗は中国では失われ、現在、日本にのみ現存する。

参考文献

『武夷山旅游指南』（蓝章廉 [编]/ 福建人民出版社）

『天下の名勝と伝説の山 武夷山 --「九曲」をめぐる福建第一の景勝地 』（〔ユハズ〕和順 / 月刊しにか）

『世界遺産めぐり (18) 福建省・武夷山 -- 緑したたる茶のふるさと』（劉世昭 / 人民中国）

『叙景詩と詩跡：朱熹の武夷山を詠む詩を手掛かりにして』（李梁 / 人文社会論叢)

『朱子学と武夷山の岩茶』（高畑常信 / 東京学芸大学紀要）

『武夷山自然保護区の樹木相とその概観』（八田洋章・秦祥坤ほか / 筑波実験植物園研究報告）

『空間構成と民族芸術からみた福建地方の伝統的商家住宅の特性に関する研究』（山之内誠・黄國賓・王暉・今村文彦 / 芸術工学 2012）

『近代黎明期福建茶の生産と貿易構造』（陳慈玉著・小西高弘訳 / 福岡大学経済学論叢）

『岩茶』（左能典代 / 文芸春秋)

『世界大百科事典』（平凡社）

まちごとパブリッシングの旅行ガイド

Machigoto INDIA , Machigoto ASIA , Machigoto CHINA

【北インド - まちごとインド】

001 はじめての北インド
002 はじめてのデリー
003 オールド・デリー
004 ニュー・デリー
005 南デリー
012 アーグラ
013 ファテープル・シークリー
014 バラナシ
015 サールナート
022 カージュラホ
032 アムリトサル

【西インド - まちごとインド】

001 はじめてのラジャスタン
002 ジャイプル
003 ジョードプル
004 ジャイサルメール
005 ウダイプル
006 アジメール（プシュカル）
007 ビカネール
008 シェカワティ
011 はじめてのマハラシュトラ
012 ムンバイ
013 プネー
014 アウランガバード
015 エローラ
016 アジャンタ
021 はじめてのグジャラート
022 アーメダバード
023 ヴァドダラー（チャンパネール）

024 ブジ（カッチ地方）

【東インド - まちごとインド】

002 コルカタ
012 ブッダガヤ

【南インド - まちごとインド】

001 はじめてのタミルナードゥ
002 チェンナイ
003 カーンチプラム
004 マハーバリプラム
005 タンジャヴール
006 クンバコナムとカーヴェリー・デルタ
007 ティルチラパッリ
008 マドゥライ
009 ラーメシュワラム
010 カニャークマリ
021 はじめてのケーララ
022 ティルヴァナンタプラム
023 バックウォーター（コッラム～アラップーザ）
024 コーチ（コーチン）
025 トリシュール

【ネパール - まちごとアジア】

001 はじめてのカトマンズ
002 カトマンズ
003 スワヤンブナート

004 パタン
005 バクタプル
006 ポカラ
007 ルンビニ
008 チトワン国立公園

【バングラデシュ - まちごとアジア】

001 はじめてのバングラデシュ
002 ダッカ
003 バゲルハット（クルナ）
004 シュンドルボン
005 プティア
006 モハスタン（ボグラ）
007 パハルプール

【パキスタン - まちごとアジア】

002 フンザ
003 ギルギット（KKH）
004 ラホール
005 ハラッパ
006 ムルタン

【イラン - まちごとアジア】

001 はじめてのイラン
002 テヘラン
003 イスファハン
004 シーラーズ
005 ペルセポリス
006 パサルガダエ（ナグシェ・ロスタム）
007 ヤズド
008 チョガ・ザンビル（アフヴァーズ）
009 タブリーズ

010 アルダビール

【北京 - まちごとチャイナ】

001 はじめての北京
002 故宮（天安門広場）
003 胡同と旧皇城
004 天壇と旧崇文区
005 瑠璃廠と旧宣武区
006 王府井と市街東部
007 北京動物園と市街西部
008 頤和園と西山
009 盧溝橋と周口店
010 万里の長城と明十三陵

【天津 - まちごとチャイナ】

001 はじめての天津
002 天津市街
003 浜海新区と市街南部
004 薊県と清東陵

【上海 - まちごとチャイナ】

001 はじめての上海
002 浦東新区
003 外灘と南京東路
004 淮海路と市街西部
005 虹口と市街北部
006 上海郊外（龍華・七宝・松江・嘉定）
007 水郷地帯（朱家角・周荘・同里・甪直）

【河北省 - まちごとチャイナ】

001 はじめての河北省
002 石家荘
003 秦皇島
004 承徳
005 張家口
006 保定
007 邯鄲

【江蘇省 - まちごとチャイナ】

001 はじめての江蘇省
002 はじめての蘇州
003 蘇州旧城
004 蘇州郊外と開発区
005 無錫
006 揚州
007 鎮江
008 はじめての南京
009 南京旧城
010 南京紫金山と下関
011 雨花台と南京郊外・開発区
012 徐州

【浙江省 - まちごとチャイナ】

001 はじめての浙江省
002 はじめての杭州
003 西湖と山林杭州
004 杭州旧城と開発区
005 紹興
006 はじめての寧波
007 寧波旧城
008 寧波郊外と開発区
009 普陀山
010 天台山
011 温州

【福建省 - まちごとチャイナ】

001 はじめての福建省
002 はじめての福州
003 福州旧城
004 福州郊外と開発区
005 武夷山
006 泉州
007 厦門
008 客家土楼

【広東省 - まちごとチャイナ】

001 はじめての広東省
002 はじめての広州
003 広州古城
004 天河と広州郊外
005 深圳（深セン）
006 東莞
007 開平（江門）
008 韶関
009 はじめての潮汕
010 潮州
011 汕頭

【遼寧省 - まちごとチャイナ】

001 はじめての遼寧省
002 はじめての大連
003 大連市街
004 旅順
005 金州新区

006 はじめての瀋陽
007 瀋陽故宮と旧市街
008 瀋陽駅と市街地
009 北陵と瀋陽郊外
010 撫順

【重慶 - まちごとチャイナ】

001 はじめての重慶
002 重慶市街
003 三峡下り（重慶〜宜昌）
004 大足

【香港 - まちごとチャイナ】

001 はじめての香港
002 中環と香港島北岸
003 上環と香港島南岸
004 尖沙咀と九龍市街
005 九龍城と九龍郊外
006 新界
007 ランタオ島と島嶼部

【マカオ - まちごとチャイナ】

001 はじめてのマカオ
002 セナド広場とマカオ中心部
003 媽閣廟とマカオ半島南部
004 東望洋山とマカオ半島北部
005 新口岸とタイパ・コロアン

【Juo-Mujin（電子書籍のみ）】

Juo-Mujin 香港縦横無尽
Juo-Mujin 北京縦横無尽
Juo-Mujin 上海縦横無尽

【自力旅游中国 Tabisuru CHINA】

001 バスに揺られて「自力で長城」
002 バスに揺られて「自力で石家荘」
003 バスに揺られて「自力で承徳」
004 船に揺られて「自力で普陀山」
005 バスに揺られて「自力で天台山」
006 バスに揺られて「自力で秦皇島」
007 バスに揺られて「自力で張家口」
008 バスに揺られて「自力で邯鄲」
009 バスに揺られて「自力で保定」
010 バスに揺られて「自力で清東陵」
011 バスに揺られて「自力で潮州」
012 バスに揺られて「自力で汕頭」
013 バスに揺られて「自力で温州」
014 バスに揺られて「自力で福州」
015 メトロに揺られて「自力で深圳」

【車輪はつばさ】
南インドのアイラヴァテシュワラ寺院には建築本体に車輪がついていて寺院に乗った神さまが人びとの想いを運ぶと言います。

・本書はオンデマンド印刷で作成されています。
・本書の内容に関するご意見、お問い合わせは、発行元の
　まちごとパブリッシング info@machigotopub.com までお願いします。

まちごとチャイナ
福建省005武夷山
～幻の「烏龍茶」育む閩奥へ [モノクロノートブック版]

2017年11月14日　発行

著　者	「アジア城市（まち）案内」制作委員会
発行者	赤松　耕次
発行所	まちごとパブリッシング株式会社 〒181-0013　東京都三鷹市下連雀4-4-36 URL http://www.machigotopub.com/
発売元	株式会社デジタルパブリッシングサービス 〒162-0812　東京都新宿区西五軒町11-13 清水ビル3F
印刷・製本	株式会社デジタルパブリッシングサービス URL http://www.d-pub.co.jp/

MP150

ISBN978-4-86143-284-2 C0326　　　Printed in Japan
本書の無断複製複写（コピー）は、著作権法上での例外を除き、禁じられています。